S. Vincent Ferrier

L'Apôtre de la Bretagne

1418-1419

par un Prêtre du Diocèse de Vannes

[illegible]
[illegible]
[illegible]
Au temps de la [illegible]
[illegible] devint [illegible]

VANNES — IMPRIMERIE DU COMMERCE
[illegible] PLACE DU CHAMP DE FOIRE, [illegible]

1918

S. Vincent Ferrier

L'Apotre de la Bretagne

1418-1419

par un Prêtre du Diocèse de Vannes

In tempore iracundiæ
factus est reconciliatio.
Eccl. 44, 17.

Au temps de la colère divine
il devint réconciliateur.

VANNES. — IMPRIMERIE DU COMMERCE
5, PLACE DU CHAMP-DE-FOIRE, 5

1918

AVERTISSEMENT

La vie de saint Vincent Ferrier qui paraît aujourd'hui en brochure n'est qu'un recueil des articles publiés par la Semaine Religieuse de Vannes, au cours de l'été 1918. Elle n'aurait pas vu le jour si nos devanciers avaient voulu nous donner un résumé de leurs savants travaux. Les fidèles que la piété poussait à étudier l'œuvre de notre illustre Patron n'avaient à leur disposition que les deux ouvrages de l'abbé Mouillard, et du P. Fages. Vicaire de Saint-Pierre de Vannes, l'abbé Mouillard s'était attaché à fixer le souvenir du Saint pendant son séjour en Bretagne. Le gros volume de 442 pages où il publiait les témoignages recueillis pendant le procès de sa nomination, n'existe plus que dans quelques rares bibliothèques. Le P. Fages, appartenant à la famille spirituelle du grand Thaumaturge, a parcouru toute l'Europe pour recueillir les moindres vestiges de son passage, et il nous a livré, encadrée dans l'histoire des couvents de son ordre, une biographie abondante en récits merveilleux. Mais l'ouvrage du savant dominicain n'est connu que d'une élite

Saint Vincent ne pouvait cependant pas rester ignoré de nos populations bretonnes : c'est un des plus grands personnages des temps modernes ; —

c'est lui qui a converti notre province bien avant le P. Maunoir ou le bienheureux Grégoire de Montfort ; — c'est chez nous qu'il a voulu mourir après avoir accompli un nombre incroyable de prodiges ; — c'est dans la cathédrale de Vannes que repose son corps. Nous célèbrerons dans quelques mois le centenaire de sa mort. Il faut qu'à cette occasion son culte brille d'un éclat nouveau. Mais comment l'honorer si on ne le connaît pas ?

Mgr Gouraud, évêque de Vannes, fit appel à son clergé pour éclairer la piété des fidèles. Nous avons offert notre bonne volonté, et cette brochure est née d'un acte d'obéissance. Nous n'avions nullement la prétention de faire œuvre critique, et nous nous étions contentés de mettre à profit le labeur de nos devanciers. Mais parmi les détails que nous avions puisés dans les ouvrages des grands auteurs, quelques-uns n'ont pas trouvé grâce devant la science érudite de nos historiens Morbihannais.

Ils n'ont rien laissé passer qui pût conserver teinte d'erreur ou d'inexactitude. Qu'ils veuillent bien trouver ici l'expression de notre reconnaissance. Grâce à eux, la vie abrégée de Saint Vincent Ferrier ne servira pas seulement à l'édification des fidèles. Tout en gardant la modestie qui lui convient, elle se couvrira de leur autorité pour paraître, sans trop rougir, devant un public qui l'aurait fait trembler.

Daigne Saint Vincent Ferrier bénir ces quelques pages et faire revivre parmi nous son Souvenir trop longtemps effacé.

CHAPITRE I

Les Miracles de Saint Vincent Ferrier

Ceux qui ont assisté aux fêtes de saint Janvier ont pu être déconcertés par le caractère insolite des manifestations de la foule napolitaine. Mais ils se sont bien vite convaincus que ces acclamations bruyantes et ces sommations dénuées en apparence du plus élémentaire respect, ne sont que la traduction d'une foi profonde dans la puissance de celui qui reste le grand bienfaiteur de la cité. Là-bas on oblige le saint à faire des miracles, et tous les ans il obéit à la population qui garde inviolable son culte traditionnel.

Notre région a été le théâtre d'innombrables prodiges dus à l'action de saint Vincent Ferrier. Nous avons le privilège envié de posséder son corps et nous aurons l'occasion de dire comment nos ancêtres ont su défendre leur droit de propriété sur ce trésor. Nos pères ont entendu ces mots tomber de ses lèvres expirantes : « Je serai votre avocat devant le tribunal de Dieu... Je ne cesserai jamais d'implorer sa miséricorde pour vous ». Saint Vincent a vu pourtant son culte près de s'éteindre chez nous, au milieu d'une indifférence presque complète.

Deux fois par an, la ville de Vannes vient témoigner qu'elle garde encore son souvenir. Mais ce souvenir lui-même a-t-il des racines bien vivaces, et résistera-t-il longtemps aux efforts de l'incrédulité? Bien peu de fidèles — même parmi ceux qui s'agenouillent de loin en loin sur son tombeau — connaissent la vie de notre illustre patron. Leur curiosité s'est contentée de triduums prêchés à l'église cathédrale. L'orateur y faisait parfois allusion à quelques épisodes de cette existence extraordinaire. Quand ils ont voulu pénétrer plus avant dans l'intimité de l'Apôtre, ils se sont arrêtés dès le seuil de cette volumineuse histoire: les faits rapportés sont tellement prodigieux, l'abondance des détails est telle que l'imagination finit par perdre jusqu'au dessin de ce tissu de légendes. Nous voudrions leur dire qu'ils ont eu tort de se laisser effrayer.

Saint Vincent mérite d'être connu du plus humble des fidèles du diocèse de Vannes. Depuis les temps apostoliques, il n'y a pas eu de saint qui puisse lui être comparé. Aucun n'a reçu de mission qui approche de la sienne: il était chargé de convertir le monde. Personne n'a reçu, au même degré que lui, le pouvoir d'appuyer l'autorité de sa parole sur l'évidente intervention divine: c'est par milliers qu'il a semé les miracles.

C'est précisément cette *sanction* divine qu'on veut difficilement admettre de nos jours, et sous peine de ne rien comprendre à la vie de saint Vincent Ferrier, il est nécessaire de rappeler quelques points essentiels de la doctrine chrétienne.

Nous nous sommes laissés pénétrer par cet état d'esprit qui tend à reléguer le surnaturel dans une sphère tout étrangère au monde dans lequel nous vivons, alors que notre foi nous enseigne que nous y sommes plongés. Il nous est aussi impossible de nous y soustraire qu'au poisson de nier l'existence de l'eau dans laquelle il se meut. Dieu ne nous a pas créés à l'état de pure nature. Il nous a appelés à une vie surnaturelle qui est une participation à sa propre vie Nous ne sommes pas seulement ses créatures, nous sommes ses enfants. Son action sera donc parmi nous toute différente de ce qu'elle aurait été dans une autre conception de l'univers.

Dieu est le maître du monde. Sa toute puissance l'a fait surgir du néant. Elle peut, à son gré, l'y faire rentrer. Sans aller jusqu'à cette extrême limite dans l'exercice de son droit souverain, Dieu se réserve d'intervenir quand bon lui semble dans les affaires du monde. Ces affaires peuvent être un peu les nôtres; elles sont surtout le siennes. On objecte à la légimité de cette action divine l'immutabilité des lois qui régissent la matière et sont la condition indispensable de l'ordre dans l'univers. Nous ne voulons pas exposer ici toute la thèse théologique sur le miracle. Nous nous contenterons de soumettre quelques réflexions à ceux qui vont revivre cette étonnante époque, unique dans l'histoire du merveilleux. L'univers a ses lois. Elles s'imposent à nous. Nous pouvons, à force de patientes études, les découvrir, en saisir le mécanisme, et le faire jouer dans des limites d'ailleurs extrêmement restreintes. Dieu seul en connaîtra l'infinie variété. La science nous obligera à les supposer indépendantes les unes des autres, et nous serons condamnés à ne rien posséder de leurs actions réciproques. Nous prêterons à l'univers une inflexible rigidité, parce que le cadre dans lequel nous l'observons manque lui-même de souplesse. Mais nous ne devons pas imposer à l'intelligence et à l'action divine les limites étroites de nos puissances créées.

Dans l'application de nos connaissances scientifiques, dans les desseins que nous formons pour l'avenir, nous envisageons quelques hypothèses.

L'infini seul peut les embrasser toutes. Nous sommes impuissants à faire rentrer dans nos calculs la liberté humaine. Mais Dieu a tenu compte de toutes les combinaisons que pouvaient faire naître nos libres déterminations. Dieu nous laisse l'initiative de nos décisions : elles ne le prennent pas au dépourvu. Nous prions, nos prières sont exaucées : l'efficacité de nos supplications ne trouble en rien l'ordre providentiel. Elles sont au contraire un des éléments envisagés dans l'élaboration du plan divin.

Le miracle nous étonne. Il doit nous étonner : son nom lui vient du sentiment qu'il fait naître en nous. Mais il ne faut pas qu'il devienne une cause de trouble pour nos âmes. Il ne change rien à la marche ordinaire des évènements. La résurrection de Lazare n'a pas supprimé la loi de mort. Elle manifesta la puissance de Jésus.

Une machine délicate a été construite par un ingénieur, qui seul en connaît les détails. Un accident se produit. Les rouages cessent de fonctionner. Les plus habiles ouvriers s'évertueront à la remettre en marche. Leurs efforts resteront vains tant que l'ingénieur ne leur livrera pas le secret de sa fabrication. Qu'il intervienne à l'endroit voulu, et le mouvement reprend. Dieu s'est ainsi réservé des secrets que la science humaine ne saurait lui ravir. Pourquoi trouverions-nous étrange qu'il s'en serve ? Il a gardé son pouvoir créateur. Pourquoi lui interdirions-nous de l'exercer ? Nous nous montrerions plus raisonnables en multipliant nos démarches près de Lui. Il multiplierait à notre égard les témoignages de sa bonté. Au lieu de craindre l'intervention divine, saint Vincent Ferrier la sollicita. L'histoire de sa vie nous dira comment le Tout-Puissant lui répondit.

CHAPITRE II

Enfance et Jeunesse de saint Vincent Ferrier

Saint Vincent Ferrier naquit à Valence, en Espagne, le 23 janvier 1350. Sans appartenir à la noblesse, sa famille comptait parmi les plus illustres. Les Ferrier étaient originaires d'Ecosse. Ils étaient venus combattre les Maures, et depuis plusieurs siècles, ils s'étaient fixés sur le terrain conquis au prix de leur sang. Les charges publiques étaient héréditaires dans la famille. Guillaume, le père de notre saint patron, était chargé des fonctions de notaire royal dans toute l'étendue du royanme de Valence.

Notre saint se vit comblé d'honneurs dès son berceau. Le conseil municipal de la cité désigna trois de ses membres pour le tenir sur les fonts du baptême, et la joie fut grande dans toute la ville. Tous les historiens constatent qu'on s'attendait à ce qu'il devint un jour la gloire de sa patrie.

Vincent grandit à l'ombre d'un foyer profondément chrétien, où de bonne heure on forma son âme à la pratique de solides vertus. A huit ans, il entrait à l'école. A quinze ans, il avait terminé le cycle de ses études. Il s'était rompu à une discipline que ne favorisaient guère ni le climat énervant de la chaude Catalogne, ni l'atmosphère troublée dans laquelle il vivait. Ses camarades avaient hérité de leurs aînés le goût des aventures. L'histoire de leurs maisons profondément divisées entretenait en eux la passion des combats. Vincent avait quelque mérite à se tenir éloigné de ces luttes. Lui aussi sentait bouillonner dans ses veines l'ardeur d'un sang généreux qui avait fait ses preuves sur tant de champs de bataille. Mais il acquit une telle maîtrise de lui-même qu'il résistait aux emportements les plus excusables. Un jour, l'un de ses domestiques, justement réprimandé, s'emporta jusqu'à le frapper. Tout autre eût fait immédiatement justice d'une pareille insolence. Vincent se contenta de le remercier de lui avoir appris la prudence à laquelle il avait manqué en reprenant un homme plus âgé que lui, et en cherchant à corriger un homme hors de lui-même.

Cet enfant de 15 ans se faisait déjà remarquer par un génie précoce, et son intelligence très vive s'était merveilleusement épanouie sous l'habile direction de maîtres éducateurs. On s'imagine de nos jours que cette époque reculée où vivait saint Vincent était plongée dans la plus ténébreuse ignorance, et que la multiplicité des écoles gratuites ouvertes aux enfants du peuple est une conquête du dix-neuvième siècle. Nous n'essaierons pas ici de ramener nos contemporains à une plus saine appréciation du passé. Ils ignorent la merveilleuse floraison de nos écoles paroissiales avant 1789. On leur cache soigneusement le crime commis il y a 125 ans. Qu'ils sachent du moins que toutes les villes d'Espagne avaient des écoles largement ouvertes. Les cours suivis par Vincent Ferrier, de 1358 à 1365, n'étaient pas destinés à des privilégiés de la fortune. Tous y étaient admis. Vincent s'y distingua, mais ses émules étaient nombreux et plusieurs ont laissé un nom glorieux dans l'histoire des lettres.

Les succès et la piété du jeune homme l'avaient désigné à la malignité jalouse de ses compagnons. Ils raillaient son assiduité aux offices religieux. Son maintien réservé dans les rues de Valence lui valait des quolibets méchants. On ne parvenait pas à le faire se départir de son calme. Il puisait dans la récitation quotidienne de l'office de la Passion l'énergie nécessaire pour se vaincre lui même, et triompher des autres à force de bonté. On l'appelait le petit saint, et ce nom était accompagné d'un sourire sceptique sur les lèvres de ses mauvais camarades. Mais voici qu'un jour, l'un de ses petits amis, touché de son inaltérable patience, lui confia ses misères; il était affligé d'un ulcère fétide au cou, et demandait au « petit saint » de le guérir. Naïvement confiant dans la miséricorde divine, Vincent toucha la plaie qui se ferma aussitôt. Il scella la cicatrice par un baiser et le mal ne reparut plus. Dieu venait de consacrer la sainteté de son serviteur dont la renommée devint bientôt universelle.

A ces âges de foi, les parents chrétiens tenaient à confier à Dieu quelqu'un de leurs enfants. Tout jeune, puisqu'il n'avait encore que sept ans, Vincent Ferrier reçut la tonsure qui le désignait au service de l'Eglise. Que nos lecteurs ne s'effraient pas et qu'ils ne crient pas à un abus. Ces coutumes chrétiennes ont disparu de nos mœurs. C'est dommage. La cérémonie de la tonsure n'imposait pas à celui qui en était l'objet l'obligation stricte d'entrer dans les ordres. Il restait libre de ses décisions. La marque extérieure qui le distinguait des simples laïcs, en le rangeant parmi les clercs, lui conférait un titre nouveau à la protection des autorités religieuses et civiles, et lui donnait accès au sanctuaire, s'il désirait y pénétrer légitimement un jour.

A dix-sept ans, Vincent se décida à se donner à Dieu tout entier, et il demanda au prieur du couvent des Dominicains de Valence de l'accepter comme postulant. Mais sa mère, si chrétienne pourtant, en fut profondément affligée. Elle regrettait d'avoir, dix ans plus tôt, indiqué à son fils la voie qu'elle désirait lui voir suivre. Les yeux maternels s'étaient reposés avec orgueil sur ce jeune homme que la gloire attendait au seuil même de la vie. Le plus bel avenir s'ouvrait devant lui, et les plus hautes ambitions étaient permises à celui qui manifestait, dans toutes les branches du savoir, une compétence sans rivale. Sans qu'elles s'en doutent parfois, les mères laissent grandir en elles à côté d'un dévouement sans bornes, un amour égoïste qui ne leur permet plus de s'oublier elles-mêmes en face de leurs enfants. Le bonheur de leurs fils est leur unique souci ; mais elles veulent y glisser leurs rêves personnels. Généreuses tant que le sacrifice consenti ne s'offre à elles que de loin, elles se sentent faiblir quand l'instant a sonné des douloureuses séparations.

C'est ainsi que la mère de saint Vincent résolut de disputer à Dieu le fils qu'elle lui avait déjà donné. Pendant toute l'année que dura son noviciat, elle se dit que la rude vie du cloître, le rôle humilié où il devait se tenir, les travaux pénibles auxquels on le soumettrait, toutes ces épreuves que subit la vocation finiraient par le ramener au foyer familial. Il demeurait inébranlable. Alors, elle fit appel à tout ce que l'amour, appuyé par les larmes, peut inspirer à une mère. Oubliant toute la grandeur du sacerdoce auquel son fils aspirait, l'honneur dont Dieu comblait sa maternité, elle le supplia de ne pas persévérer : faiblesse bien compréhensible au cœur humain, mais qu'une foi éclairée ne saurait excuser.

Lui, le cœur brisé, se réfugia au pied de son crucifix. La voix de Dieu ne lui permettait pas de se reprendre. Le lendemain, tous deux firent ensemble le sacrifice des espérances terrestres. Vincent Ferrier s'appellera désormais du nom qu'il gardera dans les siècles : Frère Vincent.

CHAPITRE III

Saint Vincent Ferrier se prépare à sa Mission

Saint Vincent Ferrier fut admis à la profession religieuse en 1368. Il ne commença sa longue course à travers l'Europe qu'en 1399. Dieu attendit donc trente et un ans avant de lui confier l'extraordinaire mission d'annoncer la fin du monde. Pour qu'il ne se heurtât pas à l'incrédulité générale, pour que sa parole produisit les fruits attendus par la Miséricorde infinie, il lui fallait une autorité appuyée sur des assises inébralanbles. Frère Vincent se prêta, pendant, cette longue période, à la formation toute spéciale que la Providence exigeait de lui.

L'apostolat n'est que l'expansion dans les âmes d'une vie intérieure surabondante. Qui pourrait en effet donner aux autres ce qu'il ne possède pas lui-même, et comment soutenir longtemps une activité surnaturelle sans le ressort nécessaire de l'intimité divine ? Cette intimité, Frère Vincent la rechercha dans la solitude du cloître. Il aimait sa cellule ; il n'en sortait que pour se livrer aux travaux imposés par l'obéissance. Dieu qui ne néglige jamais les avances d'une âme se donna à son serviteur. Les *Annales dominicaines* en font foi : on pouvait assister aux entretiens célestes dont la cellule du Frère Vincent était le théâtre quotidien. Une vive clarté entourait le religieux pour qui le monde n'existait plus. La reine Yolande, dont il était le confesseur, voulut un jour se rendre compte elle-même du prodige dont tout Valence s'entretenait. Elle fut une première fois punie de sa curiosité et sévèrement réprimandée. Mais quand elle eût réussi à satisfaire son pieux désir, elle recula instinctivement et dit à sa suite : « Partons, la sainteté de cet homme est au-dessus de tout ce qu'on en dit ».

Nous le verrons plus tard recommander aux autres la pénitence corporelle. Les murs et le plancher de sa chambre témoignaient de quelle façon il la comprenait : bien longtemps après sa mort, on voyait encore les traces du sang qui avait giclé sous les coups de discipline. Sur ses plaies toutes fraîches, il appliquait son rude cilice, sans prendre aucun souci des sages recommandations que notre horreur de la souffrance ne manquait pas de lui faire.

Loin de diminuer sa puissance d'action, cette vie intérieure la décuplait. Il ne s'appartenait plus : il pouvait donc se donner à tous. Il fut successivement professeur de philosophie, à dix-huit ans ! professeur de sciences, professeur de théologie. Son autorité s'imposait. On faisait appel à ses lumières dans les procès épineux que faisait surgir l'application du droit canonique et du droit civil. Ses décisions avaient force de loi. Les chapitres et les évêques, les curés de paroisses et les religieux, les villes voisines et rivales le désignaient comme arbitre de leurs différends. Cet homme qui semblait si peu appartenir à la terre jugeait en dernier ressort les questions du domaine le plus matériel : limites de communes, droits d'octroi ou tarifs d'enterrement. Les causes de litige n'ont pas disparu : l'humanité change si peu ! Mais trouverions-nous, à notre époque, un Frère Vincent pour les régler à la satisfaction générale ?

Le roi d'Aragon sollicita à plusieurs reprises l'intervention du saint moine dans les plus graves affaires de l'Etat. C'est ainsi qu'il lui écrit le 29 janvier 1409 :

Maître Vincent,

« Nous avons un vif désir de traiter avec vous de certaines matières qu'il n'est pas bon de confier au papier. C'est pourquoi nous vous prions affectueusement, si jamais vous avez tenu à nous être agréable, de venir nous aider de vos conseils. Vous nous ferez un plaisir tout particulier ».

Le pape d'Avignon, Benoît XIII, voulut l'attacher à sa personne. Il le pria de diriger sa conscience. Il tenta de le fixer près de son trône, en le nommant membre de son conseil. C'était la voie des honneurs toute grande ouverte devant lui. Il n'avait qu'à s'y laisser porter. Il répondit de singulière façon à toutes les propositions flatteuses dont on cherchait à récompenser son zèle — ou peut-être à enchaîner sa liberté. — On lui avait vainement offert plusieurs sièges épiscopaux. Benoît XIII imagina un stratagème qui devait avoir raison de son irritante obstination. Un jour que tous les cardinaux étaient réunis dans la grande salle des séances, le Pape, entouré de toute sa cour, ordonna d'introduire Vincent Ferrier. Un chapeau rouge avait été placé sur la table de marbre. Le saint religieux entra, et Benoît XIII, le prenant par la main, le conduisit près de l'emblème cardinalice. Il le désigna à toute l'assistance comme le plus digne de faire partie du Sacré Collège. Mais pendant que le Pape s'apprêtait à lui imposer le chapeau, saint Vincent s'éclipsa et regagna sa place, avec un bon sourire.

Toutes ces marques d'attention, soigneusement écartées par son humilité, servaient du moins à constater l'estime et l'autorité dont jouissait universellement le Frère prêcheur. Prêcher était sa raison d'être. Il voulait s'y tenir, et sa parole avait déjà d'irrésistibles effets. Il était demandé partout. Les villes se disputaient sa présence, et les archives de Valence gardent une lettre où les jurés de la ville font au roi de respectueuses représentations pour que le souverain ne les prive pas, à son profit, du bonheur d'entendre F. Vincent impatiemment attendu. Les conversions se produisaient en masse. Un carême prêché par lui faisait époque dans l'histoire d'une cité. Les abus les plus graves disparaissaient. Les haines étaient apaisées, et les chefs de partis irréconciliables venaient s'embrasser au pied de sa chaire. Il préludait ainsi aux merveilles qui vont s'accomplir durant son voyage à travers la France.

La vigueur tout apostolique de son Verbe était d'ailleurs appuyée par l'autorité même de Dieu. Le miracle était à sa disposition. Durant son noviciat, il avait excité la défiance de ses supérieurs qui lui avaient interdit de faire usage de son pouvoir taumathurgique. Il s'était incliné. Mais bientôt, sous les yeux mêmes des représentants officiels de l'Inquisition, les prodiges se multiplièrent. Un jour que Barcelone manquait totalement de pain, une épouvantable tempête empêchait tout navire d'approcher des côtes. La ville était menacée de famine. Saint Vincent se met en prière. Le vent se calme instantanément, et toute une flotte chargée de farine venait ravitailler la cité. Il n'avait pas trente ans et déjà les guérisons opérées par lui ne se comptaient plus. Au début de son grand ministère, parlant dans l'église de Salamanque, il avouera lui-même avoir accompli plus de 3.000 miracles. Des mères inquiètes sur le sort de leurs enfants venaient le trouver dans sa cellule : « Soyez tranquille, se contentait-il de répondre, votre enfant est guéri ». A Compostelle, près du tombeau de saint Jacques, un jeune aveugle le suppliait de lui rendre la vue. « Je ne fais pas de tels miracles. D'où êtes-vous ? — D'Oviédo — Eh bien ! retournez à Oviédo ; entrez à la cathédrale, et là, prosterné devant l'image du Sauveur, dites-lui que c'est moi qui vous envoie et vous serez exaucé ». Le jeune homme fit le voyage : « Seigneur, dit-il, F. Vincent m'envoie pour que vous me guérissiez. » Sa prière fut exaucée sur-le-champ.

Tout le monde connait son pouvoir sur les possédés. Le démon n'attendait même pas l'exorcisme. Il fuyait à l'approche du Saint.

Désormais, F. Vincent est prêt à recevoir les ordres providentiels. Sa renommée a franchi les frontières de son pays. Il n'est nullement exagéré de dire que le monde l'attend. Dans une modeste cellule du palais d'Avignon, Dieu va confier à son serviteur ses terribles desseins, et lui demander d'être le héraut de sa miséricorde avant que ne sonne l'heure de la justice.

CHAPITRE IV

La Mission de saint Vincent Ferrier

En 1412, écrivant à Benoît XIII, saint Vincent Ferrier disait : « Il y a environ quinze ans, un religieux, dangereusement malade, priait Dieu affectueusement de lui rendre la santé, afin qu'il pût continuer à prêcher la parole sainte ; voilà que pendant sa prière, et dans un demi-sommeil, saint Dominique et saint François lui apparurent à genoux, adressant, eux aussi, au Christ de ferventes supplications. A leur prière, le Christ descendit avec eux vers ce religieux malade, et, de sa sainte main, lui touchant familièrement la joue, il lui confia mentalement, mais d'une façon très distincte, la mission d'aller prêcher par le monde à l'exemple des deux saints qui l'accompagnaient, lui faisant entendre qu'il attendrait les résultats de cette prédication avant la venue de l'Antéchrist. Au contact de la main divine, le religieux s'éveilla complètement guéri. La Providence a bien voulu confirmer cette mission divinement conférée à ce religieux et remplie par lui du meilleur de son cœur ».

Ce religieux est saint Vincent lui-même, et nous tenons ainsi de sa plume l'origine de sa mission extraordinaire. Il était mourant : tout le monde, dans le palais papal; le croyait à ses derniers instants. Le 3 octobre 1398, il était subitement guéri. Le miracle dont il était l'objet ne lui permettait pas de douter de la révélation qu'il avait entendue. C'était aussi pour les autres la preuve manifeste de l'intervention divine. Le Pape en fut frappé. Mais aux instances du saint pour partir sans délai, il opposa sa volonté de le garder quelque temps près de lui.

Enfin, le 22 novembre 1399, saint Vincent quittait Avignon pour inaugurer ses courses apostoliques.

Autrefois, quand il prêchait, c'était en vertu d'une obédience délivrée par ses supérieurs. Aujourd'hui, c'est par ordre de Dieu qu'il s'en va Autrefois, quand il remplissait une mission diplomatique auprès des souverains, il agissait comme légat du Saint-Siège. Aujourd'hui, il prend un titre nouveau auquel personne n'aurait songé: légat du Christ, *legatus a latere Christi*. Le Souverain Pontife aurait eu des intérêts majeurs à le fixer définitivement dans son entourage: il le laisse partir, en lui donnant les pouvoirs les plus étendus sur les consciences. C'est donc qu'à tous, Dieu imposait sa volonté de façon irréfutable.

Une ligne est particulièrement à retenir dans la lettre citée plus haut : le Christ « attendrait le résultat de cette prédication avant la venue de l'Antéchrist ». Nous nous en souviendrons quand nous étudierons le problème soulevé par le sujet habituel des sermons de saint Vincent : la fin du monde.

Le voilà donc en route : il ne s'arrêtera que pour mourir chez nous. Il voyage tantôt à pied, tantôt à dos de mulet. Il va d'Avignon à Valence, fait ses adieux à sa patrie, parcourt toutes les provinces d'Espagne, franchit les Pyrénées à Saint-Sébastien, visite tout notre Midi, passe en Italie, évangélise la Suisse, le centre de la France, remonte vers la Belgique, revient vers la Franche-Comté; incline vers Bordeaux et finalement se dirige vers la Bretagne. Tous les pays d'Europe qui sont restés fidèles au Pape d'Avignon ont entendu sa parole.

Cette parole est d'ailleurs toujours la même au fond : « Convertissez-vous ! Dieu m'envoie vous dire qu'il va frapper le monde ! Je suis l'ange annoncé par l'Apocalypse, celui qui doit précéder l'Antéchrist. » — Aucun doute n'est possible à ce sujet : saint Vincent a annoncé le Jugement dernier comme imminent.

Cette affirmation, il l'a clamée partout, et partout la foule terrifiée se jetait à genoux implorant la miséricorde divine : ce fut un bouleversement moral sans précédent dans l'histoire.

Dès que l'arrivée du F. Vincent était signalée, on sonnait toutes les cloches de la ville. Les églises étant trop petites pour contenir la multitude, le saint dressait sa chaire en plein air. Il commençait par chanter la grand'messe — et il le fit tous les jours pendant 19 ans. — Puis il prêchait pendant plusieurs heures, autant qu'il était nécessaire pour amener à la pénitence les cœurs les plus rebelles. Sa méthode n'était pas celle de nos prédicateurs modernes et nous aurions quelques difficultés à nous accommoder des arguments que développait son éloquence enflammée. Il est bien certain aussi que la délicatesse de nos oreilles ne supporterait pas ce qu'on est convenu d'appeler des violences de langage. Mais nous devons nous dire que nos pères n'auraient pas compris notre sévérité excessive envers nos prédicateurs. Quand le vice s'étalait en pleine lumière — comme de nos jours — personne ne trouvait étrange qu'on l'appelât par son nom et qu'on lui appliquât le rude langage de l'Écriture. Il n'était pas rare de voir vingt mille personnes rassemblées pour écouter l'Apôtre. Tous l'entendaient distinctement. Mais il faut signaler ici un fait prodigieux — garanti par une foule de témoignages très circonstanciés. — La voix de saint Vincent portait à plusieurs kilomètres. Les gens que leurs occupations retenaient éloignés assistaient au sermon sans en perdre une syllabe.

Ce phénomène n'est d'ailleurs pas plus surprenant que le don des langues dont saint Vincent fut incontestablement gratifié. Personne ne se demandait quelle langue il parlait. C'est un jour, à Gênes, qu'on s'aperçut du miracle. Dans ce port italien, il y avait des commerçants et des marins de toutes les nationalités. Pour converser entre eux, ils ne pouvaient se passer d'interprètes, et quand ils écoutaient le prédicateur, tous le comprenaient à merveille. Chacun prétendait que c'était en sa propre langue que parlait saint Viencent. Et comme on lui soumettait la querelle : « Vous avez tous raison, disait-il en souriant. Je parle ma langue maternelle, la seule que je sache, avec le latin et un peu d'hébreu : c'est le bon Dieu qui vous la rend intelligible. » L'histoire de son passage parmi nous en fournit une preuve irréfutable. Dans l'immense foule qui couvrait la place de Lices, la très grande majorité ne parlaient que le breton, dont saint Vincent ne connaissait pas le premier mot.

Quand la prédication était terminée, les confesseurs se mettaient à l'œuvre, et malgré leur nombre ée n'était pas mince besogne. Lui, se mettait à la disposition de tous. On venait lui demander de juger des procès, de fixer des règlements d'ordre public qui se sont longtemps maintenus pour le plus grand bienfait de la paix sociale. On lui apportait des malades qu'il guérissait d'un signe de croix.

On le suppliait même de ressusciter des morts, et nous verrons au procès de canonisation qu'il le fit plusieurs fois dans le pays de Vannes.

Le saint ne s'attardait jamais longtemps dans une même ville. Dès qu'il estimait que son passage avait produit les effets voulus par Dieu, la caravane se mettait en route pour un autre champ d'apostolat. C'était en effet une véritable caravane. Beaucoup de gens convertis par sa parole voulaient s'attacher à ses pas, et le suivre partout. Elle n'avait pourtant rien d'une partie de plaisir, cette marche à la conquête des âmes. Pour être admis dans la Confrérie des Pénitents, il fallait être dégagé de tout souci matériel, ne laisser nulle attache après soi, régler toutes ses affaires, comme on le ferait à la veille de la mort. La fraude était impossible : le saint, qui lisait au fond des consciences, dévoilait publiquement tout manquement à la loyauté, renouvelant le geste de saint Pierre devant la fourberie d'Ananie. Quand toutes les dispositions étaient prises, la croix marchant en tête, on se formait en deux colonnes : les femmes prenaient un côté de la route, les hommes suivaient l'autre côté. Au chant alterné des cantiques et du *Miserere*, tous, même les enfants, se donnaient la discipline. Pareilles pratiques étonneraient déjà si on les constatait dans un petit groupe d'âmes ferventes. Mais l'histoire de ces flagellants stupéfie : ce n'était pas un cénacle composé de quelques privilégiés soigneusement mis à part. C'étaient 10.000 et jusqu'à 20.000 personnes que F. Vincent devait conduire. Tout autre qu'un saint eût été saisi de vertige en face des proportions inouïes prises par son œuvre : l'apôtre ne voulut jamais envisager les difficultés humaines de l'entreprise. Il jetait cette multitude dans les bras de la Providence.

Défense était faite, sous peine d'exclusion, d'emporter argent ou nourriture : à ceux qui cherchaient le règne de Dieu, le reste viendrait par surcroît. Souvent les municipalités se chargeaient de l'entretien de saint Vincent et de sa suite, et nous avons encore les registres de délibération où sont inscrites, sous cette rubrique, des sommes considérables. Quand il était impossible de recourir à ces libéralités, le miracle intervenait. Comme au pied de la montagne des Beatitudes, les pains et les poissons se multipliaient sous le geste créateur, et jamais les plus humbles bourgades n'eurent à souffrir du passage de cette armée pacifique : bien au contraire, la vague divine lassait après elle les restes surabondants de la générosité providentielle.

Nous sommes évidemment en plein surnaturel. Aucune explication humaine n'est à tenter. Et c'est de l'histoire. Il y a des milliers de documents qui relatent ces faits en détail, aussi précis, aussi formels que ceux qui rapportent les incidents de la guerre de Cent ans. Impossible de les mettre en doute sans nier, en bloc, tout le passé. Comment ne pas tomber à genoux devant celui que Dieu choisit pour annoncer l'heure de sa justice ?

CHAPITRE V

Résultats de la Mission de saint Vincent

Pour apprécier à leur juste valeur les résultats obtenus par saint Vincent Ferrier au cours de ses 20 ans d'apostolat, il faut savoir ce qu'était l'Europe au XVe siècle.

Partout, la guerre. Les Turcs allaient s'établir définitivement dans les provinces orientales. C'était l'époque de la grande pitié du royaume de France. Les trois quarts du territoire étaient à la merci des troupes anglaises, qui avaient accumulé sur leur passage les ruines matérielles. La peste noire avait fait des ravages inouïs. Un historien prétend qu'un tiers de l'Europe avait été fauché par la maladie : à Paris, seulement, il mourait huit cents hommes par jour, et Paris n'était pas la grande ville d'aujourd'hui. La société avait été comme dissoute par ces deux effroyables fléaux. Chacun redoutait son voisin : s'il n'était pas l'ennemi, il était contagieux. Rien ne subsistait plus de l'ancienne unité.

Mais la déchéance morale de la nation française était encore plus lamentable que la situation désespérée des derniers chevaliers qui luttaient pour l'honneur. Les pires désordres s'étaient glissés dans toutes les paroises. Le clergé ne connaissait plus le zèle d'autrefois. Les difficultés intérieures, nées du grand schisme, ne permettaient plus à l'autorité religieuse la répression des abus et la reforme des mœurs. On ignorait les vérités les plus élémentaires de la doctrine chrétienne, et saint Vincent dut obliger certains évêques à faire le catéchisme à leurs populations. En France, le pays très chrétien, les pratiques du paganisme avaient été remises en vigueur. Le signe de croix était ignoré de beaucoup. On dressait bien encore des calvaires mais ils ne répondaient pas toujours à un besoin de foi ; ils étaient souvent érigés pour conjurer un mauvais sort au carrefour des chemins.

Ces quelques détails expliquent la sainte colère qui anime certains sermons de l'Apôtre et justifient la rudesse de ses apostrophes. Il parlait haut et ferme à tous ceux qui avaient quelque responsabilité dans le pitoyable effondrement de la religion divine. Princes, prélats, prêtres, séculiers et réguliers s'entendaient rappeler leurs devoirs, non pas dans leurs palais ou dans la solitude des cloîtres, mais en public devant les peuples qu'ils auraient dû conduire dans les sentiers de la vertu. Pasteurs et fidèles acceptaient humblement ces reproches mérités : Dieu parlait si manifestement par les lèvres du frère prêcheur qu'on ne se reconnaissait qu'une attitude en face de lui, celle du pénitent qui implore le pardon.

Voici quelques extraits d'une lettre que le saint écrivit à son supérieur et qu'il expédia de Genève le 17 novembre 1403. Nous en empruntons la traduction au P. Fages. Ils nous donneront une idée des résultats acquis par la prédication de notre saint.

« ... Je prêchai trois mois consécutifs dans le Dauphiné, parcourant les villes et les bourgades que je n'avais point visitées, et revins, pour confirmer leur foi, dans ces trop fameuses vallées du diocèse d'Embrun, naguère toutes pleines d'hérétiques... Je parcourus le diocèse de Turin, visitant par ordre chacune des localités, et y prêchant la vérité catholique à l'encontre des erreurs où étaient plongés ces braves gens Grâce à Dieu, ils ont reçu la sainte doctrine avec un empressement et un respect vraiment touchant.

Je me suis aperçu que toutes ces erreurs, toutes ces hérésies provenaient principalement de l'absence de prédicateurs. Aussi, quelle responsabilité pèse sur les prélats et sur tous ceux qui, par office, sont obligés de prêcher !

Au sujet de l'évêque hérétique que j'ai trouvé dans une de ces vallées appelée Luféria, sachez qu'il a voulu conférer avec moi et qu'il s'est converti. J'en dis autant des collèges de Vaudois, dont il n'y a plus de trace. Les Catharins de Vallpont ont renoncé à leurs superstitions abominables. Les hététiques de la vallée de Lanz m'ont bien reçu ; les factions ont cessé, les Guelfes et les Gibelins ont fait la paix, les traités d'alliance ont été signés. Quant aux autres choses difficiles à énumérer (il s'agit évidemment de ses miracles), que Dieu a daigné opérer pour sa gloire et le bien des âmes, je n'en dis rien pour le moment, mais qu'il soit béni en tout et de tout.

Me voici maintenant à Genève. Parmi les erreurs monstrueuses qui infestaient ce pays, il en est une qui consiste à rendre un culte public à une sorte de divinité qu'ils appellent saint Orient, c'est-à-dire le soleil. Ce culte est très répandu ; il a sa confrérie, et sa fête principale a lieu le lendemain de la Fête-

Dieu. Les religieux et les curés n'osaient point prêcher, ni même rien dire contre cette erreur, parce que les sectaires les menaçaient de mort, et, en attendant, leur coupaient les vivres. A force d'insister sur ce crime d'idolâtrie, grâce à Dieu, l'erreur a fini par disparaître, et ces pauvres gens sont à l'heure qu'il est désolés d'avoir erré si gravement en matière de foi.

Je me dispose à visiter le diocèse de Lauzanne, où l'on adore aussi publiquement le soleil, surtout dans la campagne. S'il faut en croire l'évêque, qui est venu deux ou trois fois me supplier de m'y rendre, il y a, sur les confins de l'Allemagne et de la Savoie, des villes entières peuplées d'hérétiques. On m'a même prévenu que ces hérétiques sont particulièrement dangereux. Mais j'ai confiance en la miséricorde habituelle de Dieu et j'y serai le prochain carême »...

Il ne s'agit là que d'un coin du vaste champ défriché par l'infatigable apôtre. Mais quelle magnifique moisson lève et mûrit sous ses pas ! Et il en est ainsi partout où il passe. Il entreprend les tâches les plus ardues, et toujours il les mène à bien.

L'une des œuvres les plus difficiles que puisse rencontrer un missionnaire est la conversion des Juifs et des Musulmans. Tout le monde connaît leur haine du nom chrétien. Leur obstination s'explique : sur les premiers pèse la responsabilité du déicide, et le paradis de Mahomet est trop facile aux seconds pour qu'ils se décident à suivre le dur sentier qui mène au ciel.

Les Juifs étaient pour l'Espagne, comme pour tous les pays qui leur ont donné asile, une plaie sociale. Saint-Vincent fit prendre contre eux de rigoureuses mesures de police — il était antisémite, comme tous les gens sensés de son époque — mais il ne voulut pas se contenter de ce côté négatif de la question juive. Pendant de longues années, il étudia l'hébreu pour les évangéliser dans leur langue. « A la voix éloquente et persuasive de cet humble religieux, écrit l'historien de Valladolid, des milliers de Juifs abjuraient leurs erreurs et recevaient avec une foi vive l'eau salutaire du baptême ». Et le mouvement commencé s'accrut dans de telles proportions que les revenus de certains évêchés, comme celui de Palencia, furent complètement taris et qu'on dut faire appel au trésor royal. Le livre des Juifs intitulé *Juchasin* contient ce passage : « L'an du monde correspondant à 1412, la désolation fut portée chez nous par un rasé dont le nom était Vincent Ferrier, par lequel plus de 200.000 Juifs laissèrent leur foi ». 200.000, c'est beaucoup, même sous la plume d'un rabbin. Mais quand les annales du couvent de Catalayud nous fixent le chiffre de 70.000 conversions, nous pouvons les croire.

Les rois Maures de Grenade désirèrent, eux aussi, entendre la voix du célèbre missionnaire. Ils le firent chercher. Saint Vincent se rendit à leur appel. Mais il put à peine ébaucher ses travaux apostoliques. Les grands de la cour menacèrent le Souverain d'une révolte générale. L'homme de Dieu était trop écouté : il n'avait pris la parole que trois fois et déjà 8.000 Musulmans avaient demandé le baptême. Décidément ce saint était dangereux : on l'expulsa.

Ces traits ne forment qu'une esquisse, trop légère à notre gré, de l'œuvre immense réalisée par saint Vincent. Le cadre trop restreint de notre brochure ne permet pas de leur donner la vraie valeur qui ferait ressortir la physionomie extraordinaire de notre illustre patron. Nous le verrons bientôt en Bretagne. C'est à lui que nous devons l'intense vitalité chrétienne qui nous distingue encore aujourd'hui. Mais ne croyons pas que nous ayons été les seuls bénéficiaires de son zèle. C'est toute l'Europe qui devrait venir à son tombeau, car elle lui doit la vie. Il l'a arrachée au paganisme. Là où son action s'est plus spécialement fait sentir, en Espagne, en Italie, en France, la tempête soulevée par Luther est venue se briser impuissante. La foi s'effritait : sous le feu de son verbe inspiré, elle a repris la solidité du granit.

CHAPITRE VI

Saint Vincent Ferrier et la fin du Monde

Nos lecteurs ne nous pardonneraient pas de paraître esquiver le débat que soulève nécessairement la prédication de saint Vincent Ferrier.

Dans les pages qui précèdent nous n'avions pas la prétention de tracer un portrait en pied du grand thaumaturge. Tout, pour cela, nous faisait défaut : les couleurs et le pinceau. Mais d'autres plus qualifiés nous l'ont dépeint sous un aspect étrange que nous ne pouvons pas laisser dans l'ombre : ils ont vu dans saint Vincent l'ange annonciateur du jugement dernier. Ils l'ont montré criant au monde que sa dernière heure allait sonner. C'est même sous ce jour que la liturgie nous le présente dans l'office que nous chantons en son honneur. Physionomie troublante. Mais nous la fixerons sans crainte, et nous la graverons dans notre souvenir, car c'est la seule qui nous fournisse l'exacte ressemblance que nous cherchons.

C'est qu'en effet saint Vincent a non seulement prêché la fin du monde, mais il l'a annoncée comme imminente. Il est impossible de lire le recueil de sermons qui nous reste sans être frappé de son insistance. Il n'a pas en vue les individualités qui l'écoutent. C'est à la société humaine qu'il s'adresse. Il ne se présente pas à elle comme un prédicateur qui rappelle à ses auditeurs leurs fins dernières toujours proches. Il se donne comme envoyé spécialement par Dieu pour prévenir l'univers que ses jours sont comptés, que la justice divine va ouvrir les grandes assises où les peuples seront jugés. On veut d'abord l'empêcher de soutenir une thèse qui peut jeter le trouble dans les esprits. Il connaît la rigueur des sanctions qu'il encourt. Mais il maintient très haut sa mission de légat *a latere Christi* Ce n'est pas une autorité humaine qui la lui a confiée, rien ne l'empêchera de la remplir, et à Salamanque, devant le grand Inquisiteur général, gardien sévère de la foi, il lance son anathème au monde. Malgré sa sainteté connue de tous, on hésite à le suivre. On lui demande des preuves : « Est-ce que ma meilleure justification ne réside pas dans ce fait que Dieu m'a permis d'accomplir jusqu'ici plus de 3.000 miracles ? » Puis il fait porter au milieu de l'assistance un mort qu'on allait enterrer. Il le ressuscite au grand effroi du peuple, et l'oblige à rendre témoignage Le mort atteste et se recouche dans son cercueil ! — Quand le pape Benoît XIII, pressé d'intervenir, lui demande de s'expliquer, il ne cherche pas de subterfuge. Il ne veut pas minimiser son rôle, et il écrit cette lettre dont nous avons cité les principaux passages. Humblement, mais avec fermeté, il ne se reconnaît justiciable que de Dieu même,

Ici, plus d'un lecteur va nous redire ce que nous avons si souvent entendu. Vous avez une singulière façon d'exalter saint Vincent. Vous vous laissez emporter par le souci de le grandir sans mesure et vous ne vous doutez pas que vous l'accablez sous cet excès. Vous vous acculez à un dilemme terrible pour sa mémoire. Car c'est un fait dont nous nous réjouissons grandement : le monde n'a pas pris fin au XVe siècle. Donc saint Vincent Ferrier s'est trompé, et vous ne pouvez choisir qu'entre la bonne foi et l'erreur volontaire.

L'Église ayant canonisé saint Vincent, nos lecteurs conviendront que nous ne pouvons nous arrêter un seul instant à l'hypothèse d'une supercherie.

Mais n'aurait-il pas été victime d'une illusion ? A force de prêcher, n'aurait-il pas fini par exagérer son action ? De la meilleure foi du monde, il aurait obéi à une auto-suggestion qui l'aurait peu à peu conduit à se croire chargé d'une mission spéciale.

Les explications médico-scientifiques sont très à la mode. Elles sont commodes : leur a-priorisme dispense d'examiner les faits dont elles prétendent rendre compte. Elles tranquillisent les intelligences qui ont toujours peur de voir le surnaturel surgir devant elles. Pour ce qui concerne saint Vincent, nous n'hésitons pas à dire que, sous leurs apparences conciliantes, elles nous offrent une fin de non recevoir inadmissible. Elles sont d'ailleurs inspirées par une crainte que nous ne partageons pas. Laissant à chacun la liberté d'appréciation que l'Église reconnaît dans les questions qu'elle n'a pas tranchées, nous exposerons notre point de vue personnel. Si nos lecteurs, qui sont nos juges, ne se rendent pas à notre sentiment, qu'ils nous accordent du moins le bénéfice de leur charité.

C'est par saint Vincent lui-même que nous connaissons l'origine de sa mission et les circonstances dans lesquelles elle lui fut confiée. Nous les avons racontées. Notre héros s'est-il trompé ? A-t-il été l'objet d'une hallucination ?

Il était accoutumé depuis de longues années aux entretiens célestes. Des centaines de témoins ont assisté à ses extases. Quand il nous dit que dans sa cellule d'Avignon le Christ lui est apparu, pourquoi douterions-nous de sa parole ? Elle s'appuie sur un fait palpable, sa guérison miraculeuse.

Si l'auto-suggestion avait eu prise sur son âme, elle n'aurait pas attendu qu'il fût en possession de sa pleine et puissante maturité. Dans sa vie on ne trouve pas trace d'un fléchissement intellectuel ou moral. Rien n'est changé dans son existence toute de prière ou d'action. L'orgueil ne l'effleure pas un instant. Il ne tire pas vanité des confidences divines. Il proteste au contraire de son indignité. Il reste calme, très maître de lui. Quand on le met en face de ses responsabilités, il n'a pas un mouvement de révolte : il répond aux questions qu'on lui pose, il donne ses preuves.

Comment aurait-il pu prendre son rêve pour une réalité, lui qui était doué d'un tel discernement des âmes qu'il n'a jamais été dépassé dans l'histoire de la mystique ? lui que le pape autorisait, par un privilège unique, à admettre directement aux ordres monastiques tous ceux qu'il jugerait dignes ? Comment aurait-il pu persévérer dans son attitude, celui qui ne cessa de recommander aux autres la plus grande prudence à l'égard des pièges du démon ?

Saint Vincent Ferrier a prêché la fin du monde pendant vingt ans. Si, à Avignon, il s'est laissé halluciner, il est impossible d'admettre que pendant vingt ans ses contemporains n'aient pu saisir une défaillance. C'est toute l'Europe qui l'a vu à l'œuvre. Les plus éminents personnages l'ont approché. Tous ses actes sont publics. Produit-il un seul instant l'impression d'un malade ou d'un maniaque ? Voici ce que répond l'histoire.

Il est le conseiller de Benoît XIII dans les questions épineuses que fait naître le schisme.

Quand l'Espagne sent enfin le besoin de sortir de la crise politique qui menace son existence, elle choisit neuf délégués qui dévront régler la succession au trône. Après un mois d'études laborieuses, ces hommes, les plus illustres du royaume, doutent d'eux-mêmes. Mais dès que Maître Vincent a exprimé son avis, ils s'y rangent comme étant celui qui s'impose.

Quand le concile de Constance se réunit en 1417, pour rendre à l'Eglise l'unité quelle a perdue depuis trente ans, l'empereur Sigismond, le cardinal P. d'Ailly, l'illustre Gerson écrivent à Vincent pour le supplier de venir donner au concile l'appui de son autorité et le secours de ses lumières.

Il est incontestablement l'homme le plus sage, le mieux écouté de son époque. Toutes ses décisions sont humblement acceptées par les plus hautes autorités qui soient sur terre, religieuses et civiles, intellectuelles et morales. Et c'est lui pour lequel on nous propose un verdict de commisération ? On voudrait en faire un halluciné ? C'est mettre à trop cruelle épreuve le plus élémentaire bon sens.

D'ailleurs, pour nous, il y a un argument qui nous paraît irréfutable : saint Vincent Ferrier a multiplié les miracles pour démontrer la réalité de sa mission. Ces miracles sont innombrables. Ils ont été consignés dans des documents officiels. Dieu n'eût pas permis qu'on fit si constamment appel à son jugement en faveur d'une erreur même involontaire.

Vous ne croyez tout de même pas, me dira-t-on, que Dieu avait décidé la fin du monde ?

Je répondrai : J'ai le témoignage d'un saint qui m'affirme que Dieu le lui a dit. Ce saint me présente toutes les garanties que peut demander la raison la plus exigeante. Il appuie sa parole sur l'autorité du miracle. Je n'ai pas le droit de me soustraire aux conclusions de mon enquête. Quel prétexte donnerais-je à ce défaut de loyauté? Ma conviction ne rencontre aucune impossibilité ni dans les certitudes de la foi, ni dans les enseignements de la science.

La foi m'enseigne que l'humanité n'a vu le jour que pour servir à la gloire de Dieu. L'intelligence nous a été donnée pour que nous soyons capables de nous unir à la vie divine qui est le bien essentiel. La raison de notre existence, et de notre maintien dans l'existence réside tout entière dans le rôle providentiel que nous avons à jouer. Si l'humanité s'y refuse, elle fait obstacle au plan divin : elle doit disparaître. Cette conséquence que la logique impose en dehors de l'Incarnation, devient plus rigoureuse encore depuis que le Verbe a souffert. Le sang du Calvaire pèse lourdement dans la balance divine. Qui donc oserait fixer un terme à la miséricorde divine, et lui dire : « C'est jusque-là que vous devez nous supporter? » Rappelons-nous l'histoire du figuier stérile, et les avertissements de la Justice : « Je viendrai comme un voleur ». S'il y a eu d'autres époques où la coupe d'iniquité débordait, et où la colère divine était près d'éclater, nous ne le savons pas. Mais au XVe siècle, nous avons un témoignage formel. Pourquoi l'écarter ?

Ce n'est certes pas la science qui m'interdit de croire saint Vincent. La ruine totale de l'univers n'est pas en cause : le serait-elle que je me sentirais à l'aise. Il s'agit de l'humanité. Rien ne s'oppose à sa disparition de la surface du globe. Pour le savant matérialiste, l'homme est un animal, l'humanité est une espèce. Il a trop enregistré d'espèces disparues pour douter que le sort des fossiles nous soit réservé.

A celui qui croit à la perpétuité de la race pour assurer le progrès sans limite, il suffit d'interroger les sables où sont des civilisations tout aussi florissantes que la nôtre et qui portent les noms de Babylone, d'Egypte ou de Rome. Qu'en reste-t-il ?

Et qu'on ne dise pas qu'il faudrait, pour accumuler tant de ruines, un déchaînement inouï de tous les éléments. La peste noire, dont nous avons déjà parlé, suffisait à elle seule pour faire de notre terre un immense désert tout prêt à recevoir les assises du jugement dernier.

Mais alors comment expliquer que le monde subsiste ? C'est saint Vincent lui-même qui nous répondra. Le Christ lui a dit : « J'attendrai les résultats de cette prédication avant la venue de l'Antéchrist ». Ces résultats ont été tels que l'humanité sortie de sa voie y est rentrée par une pénitence inattendue qui aujourd'hui encore nous étonne. Nous les avons exposés, nous n'y reviendrons pas. Mais il nous sera permis d'affirmer qu'il y avait là de quoi apaiser le courroux divin. Dieu ne veut pas la mort du pêcheur. Il lui demande de se convertir afin de vivre. Les hommes étaient coupables. L'Eglise scindée avait perdu de sa vigueur. Le paganisme renaissait. Les fruits de la Rédemption semblaient irrémédiablement compromis. Dieu ne pouvait le tolérer. Il envoya au monde le premier des trois anges annoncés par l'Apocalypse. Cet ange s'appela Vincent Ferrier. Le monde comprit l'effrayante leçon. Il se convertit, c'est-à-dire se retourna vers Dieu. La miséricorde pouvait encore agir, et elle obtint de la justice le délai dont nous jouissons encore. Le monde fut sauvé comme autrefois Ninive.

Voilà quel nous apparaît le rôle de notre saint patron. Il est grandiose. Nous n'avons pas à nous excuser de lui donner ces proportions. *In tempore iracundiæ factus est reconciliatio.* Au temps de la colère, il s'est fait réconciliateur. Nous ne sommes pas sortis de l'histoire. Nous l'avons interrogée sans prévention, et sans crainte. Nous soumettons à ceux qui aiment saint Vincent la réponse qu'elle nous a fournie.

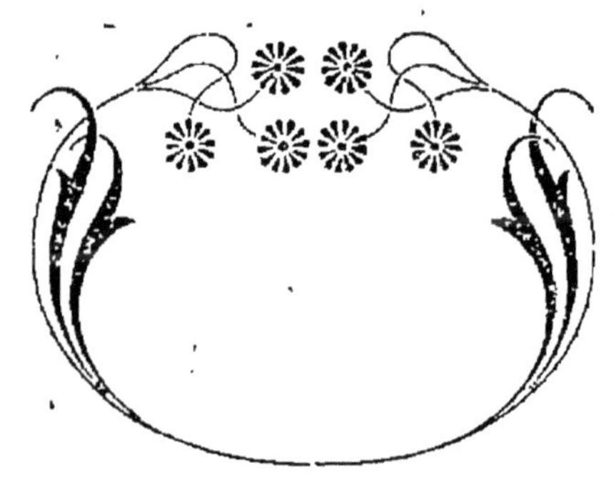

CHAPITRE VII

Saint Vincent Ferrier en Bretagne

I. - Son premier passage dans le Diocèse de Vannes (1)

Deux fois déjà le duc de Bretagne Jean V avait prié saint Vincent de venir évangéliser ses Etats. Jean Bernier, chargé de lettres pressantes, avait rejoint l'Apôtre d'abord au Puy-en-Velay, puis à Bourges. Une dernière missive du duc, écrite au début de novembre 1417, exposait la situation lamentable de la religion parmi les populations bretonnes. Pour la troisième fois, Jean Bernier se mit en route. Il rencontra Mᵉ Vincent à Tours, dans les derniers jours de décembre, et fut assez heureux pour triompher de toutes les résistances.

Le 8 février 1418, S. Vincent arrive à Nantes. Il y séjourne près de deux semaines, et se met en marche vers Vannes où le duc se tient avec sa cour. Il

(1) Nos lecteurs constateront sans doute, s'ils ont entre les mains leur vie de saint Vincent Ferrier, que les auteurs ne sont pas toujours d'accord sur les dates des évènements que nous racontons. Ces divergences tiennent à plusieurs causes que nous ne voulons pas exposer ici. Mais la chronologie prenant une importance spéciale du fait du centenaire que nous allons célébrer, nous nous sommes attachés aux conclusions des derniers travaux d'histoire : elles semblent définitives.

prêche à Fégréac, La Roche-Bernard, Redon, Muzillac, Questembert, et le vendredi 4 mars, il est à Theix.

La bonne nouvelle apportée par le messager ducal s'est vite répandue, et Vannes a fait, pour le recevoir dignement, tout ce qu'exigent les circonstances. Pour le loger, lui et sa suite, on a préparé le château de la Motte. Comme partout, la foule qui venait l'entendre était considérable, on pensa que les églises seraient trop petites pour contenir la multitude des auditeurs. Le duc a donné des ordres pour qu'on construise une grande estrade sur la place des Lices, face au château de l'Hermine. Les gradins et la chaire ont été recouverts de tentures multicolores. Toute la ville est en liesse. Et déjà impatients, plusieurs Vannetais, conduits par le seigneur Josso du Plessix, sont partis pour Theix rejoindre le saint qu'ils ne quitteront plus.

Le samedi matin, la place de la cathédrale est animée comme aux plus grands jours. L'évêque et tout son clergé, le duc et toute sa cour sont là. Un cortège triomphal se forme avec tout l'apparat d'une réception souveraine. La procession s'arrête à la chapelle de Saint-Laurent. Voici l'Apôtre, le Saint. Tous les regards se fixent sur lui. Il est monté sur une ânesse. Il paraît vieux. Sa robe et son manteau de frère-prêcheur portent des traces d'usure, mais on remarque surtout que des mains indiscrètes ont largement entaillé l'étoffe pour en faire des reliques miraculeuses. Une calotte de drap laisse voir sa couronne monacale de cheveux blancs. Il a les traits fatigués d'un ascète. Mais la physionomie exsangue rend plus vif le feu de son regard qu'éclaire un reflet de lumière céleste. Ses bagages sont bien modestes et l'on imaginerait vainement un détachement plus complet des biens de ce monde. Comment ce vieillard peut-il supporter l'effroyable labeur qu'il s'est imposé ?

Il a salué l'Evêque et le Duc. Ceux-ci se sont inclinés en lui souhaitant la bienvenue, et la foule reprenant en chœur les chants de pénitence se dirige vers la ville.

Ceux qui n'ont pu se joindre aux pèlerins, sont là qui attendent devant le pont levis et sur le trajet de la porte à la cathédrale. Ce sont surtout des malades et des infirmes. Dès que paraît maître Vincent, des supplications ardentes jaillissent de toutes les poitrines. Il étend la main et d'un signe de croix il les guérit tous. Mais Jean Leben, paralysé depuis dix-huit ans, n'avait pu être transporté assez tôt pour prendre place au premier rang. Il gisait sur son grabat perdu dans la foule, en face de la maison de Pierre Bourdin. Se croyant délaissé, il crie de toutes ses forces : « Ami de Dieu, daignez m'écouter ! » On s'écarte, et le bon saint Vincent lui dit « Je n'ai ni or ni argent. Mais je prie le Seigneur Jésus-Christ de vous accorder dans son immense bonté la santé que vous demandez. » Il parlait comme saint Pierre et saint Jean à l'infirme du Temple. L'effet ne se fait pas attendre : Jean Leben se lève. Jamais plus il ne ressentira d'infirmités (1).

Lentement, car la multitude est immense, on gravit la ruelle abrupte, et Me Vincent ne descend de sa monture que rendu sur le parvis de la cathédrale. Les portes sont grandes ouvertes, car on sait que toujours le premier soin de l'Apôtre est d'offrir à Dieu ses hommages. Le vrai maître de la Cité est là, au Tabernacle, et le duc Jean tient de Lui son pouvoir, et c'est à Lui qu'il faut demander de bénir la mission qui commence.

(1) Vie de saint Vincent Ferrier par Mouillard. p 28.

Mais on remarque alors que le Saint a quelque peine à marcher. Lui qui a rendu la santé à tant d'infirmes, il a gardé à la jambe une plaie qui le fait souffrir. Il s'appuie sur un bâton terminé par une croix, et de temps à autre on le voit lever son regard sur l'image du divin Crucifié

Le duc voulut le conduire à la résidence qui lui était préparée. Vincent s'y refusa. Il demanda qu'on lui permît de prendre une chambre à proximité de l'église et de l'endroit où il devait prêcher. Robin Lescarv qui habitait à deux pas, s'empressa de lui offrir sa maison (1).

Le lendemain, 6 mars, était le 4e dimanche de carême. Dès avant le jour Me Vincent est debout. Quand l'aube commence à poindre, il se rend à l'estrade des Lices. On l'aide à monter les gradins. Il chante la messe. Puis, reprenant ses habits de frère prêcheur, il se tourne vers l'auditoire immense qui s'étend jusqu'aux remparts. Ce n'est plus le vieillard courbé par l'âge, exténué par les privations, c'est l'Apôtre dans toute la vigueur de son verbe inspiré. Son geste est celui de l'ange exécuteur des hautes œuvres de la justice infinie. Ses joues se sont empourprées. Sa voix remplit l'espace. Tous les auditeurs, déjà bouleversés par cette transfiguration, sont soulevés par des accents qui n'ont rien de la terre. Trois heures durant, il les tient sous l'impitoyable flagellation qui frappe tous les vices. Un historien de Bretagne écrit à son sujet : « Se représente-t-on l'impression profonde, l'émotion haletante, croissante, lancinante, excitée dans les masses par cette implacable revue de toutes les misères, de toutes les iniquités sociales, aboutissant

(1) Cette maison se trouvait sur l'emplacement actuel de l'école Sévigné. Ce point a été fixé par M. de la Martinière.

à cet effrondrement horrible — la fin du monde — sans cesse ramené, agité par l'orateur sous les yeux de l'auditoire, comme un salutaire épouvantail, avec toute l'ardeur d'une foi brûlante et les ressources d'un merveilleux génie. »

Il s'est tu que les fronts sont encore courbés sous la crainte. Mais déjà la grâce est victorieuse des cœurs les plus endurcis.

Avant de quitter l'estrade, il donne ses avis en vrai missionnaire. Désormais, hommes et femmes devront se rendre aux sermons en deux groupes distincts. Une corde tendue indiquera l'espace réservé à chacun d'eux. Cette séparation devra s'effectuer également dans les églises. Puis il fixe l'horaire des exercices. Jou et nuit, les prêtres de sa suite entendront les confessions : ils ont reçu pour cela les pouvoirs les plus étendus. Lui, Me Vincent, s'occupera, avec les clercs qui ne sont pas dans les ordres, de l'instruction religieuse des enfants et des grandes personnes (plusieurs témoins viendront déposer au procès de canonisation qu'ils ont appris du Saint lui-même le Pater, l'Ave, le Credo... et le signe de la Croix).

Vers midi, l'Apôtre regagna sa cellule. Il est à jeûn. Ecoutons ce qu'en dit Yves Gluidic, archipêtre de l'église de Vannes : « Quatre ou cinq jours, j'ai mangé avec lui à sa table ; je l'ai vu manger un potage, puis des poissons d'une seule espèce, et en assez petite quantité. Il ne prenait de poissons que ceux qu'on lui avait présentés en premier lieu, et bien qu'on lui présentât plusieurs mets, il se contentait néanmoins d'un seul plat. Il buvait du vin trempé trois fois seulement par repas. Je ne l'ai jamais vu souper et je ne sais s'il soupait ou non ; mais il attendait toujours jusqu'après midi à prendre son dîner. Le dîner fini, il faisait distribuer le reste aux pauvres... Pendant le dîner, Me Vincent avait toujours le visage joyeux. Après avoir rendu grâces au Très-Haut, il cessait tout entretien et vaquait à l'étude.

Mais cette solitude qu'il aurait désirée complète était souvent troublée. Jean Le Métayer, matelot qui habite Calmont, nous raconte naïvement comment on procédait pour avoir accès près du saint. Ce pauvre marin avait eu une côte rompue au cours d'un combat en mer contre les Anglais. « Il marchait avec peine en tenant la main sur le côté malade. Voyant le concours de personnes qui venaient trouver Me Vincent pour leurs infirmités, il alla le trouver lui aussi vers le coucher du soleil, dans la maison de Robin Lescarv. Prévenu par l'un des siens, Me Vincent sort de sa chambre, s'approche de Jean dans la cour de la maison et lui demande où il a mal. Puis, il met la main sur l'endroit douloureux, lève les yeux au ciel, récite une prière et fait le signe de la croix. Jean se retire tout à fait guéri. Il n'a ressenti depuis aucune douleur. Dans la même cour, il y avait un grand nombre de malades que maître Vincent guérit en leur imposant les mains et en faisant sur eux le signe de la croix ».

Après une journée remplie de tant de fatigues, nul ne se serait scandalisé de voir l'apôtre accorder à ses membres vieillis un légitime repos. Mais le soir venu, il se donnait la discipline comme il l'eût fait au cloître. Jamais, avant sa dernière maladie, il n'accepta de coucher dans un lit. Il s'étendait tout habillé sur un matelas très dur posé sur le plancher. Son sommeil était d'ailleurs de courte durée. Il se levait vers deux heures, récitait son psautier complet, se confessait chaque matin, puis se rendait au point du jour sur la place des Lices où la foule l'attendait déjà.

Telle fut, d'après les témoignages donnés sous la foi du serment, la vie de saint Vincent pendant les trois semaines que dura son premier séjour à Vannes. Elle fut extraordinairement féconde : nos pères répondirent comme il convenait à ce dévouement inépuisable

Les tribunaux vaquèrent et les boutiques furent closes tant que dura la mission. Se confesser, faire pénitence, réparer les injustices commises envers le prochain et se réconcilier avec ses ennemis étaient les seules choses dont on s'occupât. Les abus cessèrent. Avant la venue de saint Vincent, on était arrivé chez nous à ce point d'ignorance ou de perversité que les foires et les marchés publics se tenaient les dimanches et jours de fête dans les lieux consacrés au culte. L'apôtre obtint la sanctification du jour de Dieu. Désormais on assistait aux offices avec piété, car on avait appris de lui comment on devait entendre la messe. Pendant le saint sacrifice, un de ses clercs expliquait à haute voix les cérémonies liturgiques. Et toute la foule récitait au moment de l'élévation l'invocation : « Seigneur, nous vous adorons, et nous vous rendons grâces ».

La fidélité aux instructions du saint missionnaire ne se démentit pas un seul jour. L'évêque et le duc donnaient l'exémple. Les fidèles des paroisses voisines venaient grossir le nombre des auditeurs vannetais, et le recteur de Limerzel nous affirme, au procès de canonisation, que ni l'intempérie de la saison, ni la violence du vent, ni la pluie, ni la neige qui tombaient fréquemment, ne pouvaient les empêcher de se presser autour de la chaire.

Aussi le mardi de Pâques 1418, 29 mars, pouvait-il estimer que sa tâche était finie. Il prêcha sur l'Antéchrist (1), fit planer une dernière fois sur la foule

(1) Déposition d'Aliette, femme Perrot, 10e témoin.

effrayée la menace du jugement, et il reprit sa course pour évangéliser le reste de la province.

Il peut quitter notre ville. L'empreinte qu'il laisse dans les âmes est ineffaçable, et depuis cinq siècles nous vivons de la résurrection qu'il opéra chez nos ancêtres.

II. - Evangélisation de la Province

Il est assez difficile de suivre saint Vincent dans son itinéraire à travers la Bretagne. Les renseignements précis nous font défaut. Les archives où nous aurions pu trouver trace de son passage n'ont pu être sauvées de la destruction que dans quelques localités trop rares. Les commissaires du procès de canonisation ont limité leur enquête aux environs de Vannes, Nantes et Saint-Brieuc : la surabondance des miracles les empêcha de pousser plus loin leurs recherches. Nous sommes donc réduits à des conjectures pour la plus grande partie de l'année 1418. Nos lecteurs trouveront ici un résumé des conclusions admises aujourd'hui par les historiens de saint Vincent Ferrier.

L'apôtre est à Theix le 30 mars. Le 31 au soir, il se rend à l'abbaye de Prières, près de Muzillac. Il arrive à Guérande le 8 avril. Il prêche à travers la presqu'île, et le 14 avril on le trouve à Saint-Gildas-des-Bois, où après avoir parlé de la persévérance dans les bonnes œuvres, il guérit une démoniaque qu'on amenait, solidement garrottée, à l'église paroissiale. Il remonte alors vers Rennes, et la capitale de la Bretagne lui fait une réception triomphale. C'est le chapitre qui se charge des frais qu'occasionne son séjour. Les 20, 21, 22 avril, il prêche sur la place Sainte-Anne devant une foule énorme. Toutes les maisons qui commençaient à peupler ce lieu ouvrirent leurs fenêtres aux auditeurs impatients, et virent jusqu'à leurs toits se couvrir des plus impatients. » Il eut là jusqu'à 30.000 fidèles assidus à ne rien perdre de ses terribles avertissements. Pendant une dizaine de jours, il parcourut les environs. Fougères, Vitré, Montfort l'ont entendu. Puis il revint à Rennes le 2 mai.

Le 4 mai au soir, répondant à une invitation que lui avait adressée le roi d'Angleterre, il part pour la Normandie. Il va par petites étapes, toujours monté sur sa vieille ânesse. Chemin faisant, il jette la semence féconde à Aubigné, Bazouge, Antrain, et vers la mi-mai, Henri V, entouré de toute sa cour, le reçoit à Caen. Comme partout, il établit sa mission sur l'autorité du miracle. Un enfant, Guillaume de Villiers, âgé de dix ou onze ans, était muet. Depuis deux ans, il n'avait ni bu ni mangé. Ses parent vinrent demander au saint sa guérison. Saint Vincent fit ouvrir les rangs de la foule, et pendant que l'assistance très nombreuse se mettait en prières, l'enfant parla, but, mangea, et se trouva totalement guéri. Jean de Villiers, frère du miraculé, Gilles Lescarne, Jean Ruault, témoins au procès, affirment d'ailleurs que partout saint Vincent multipliait les prodiges. Quel ne devait pas être l'effet produit sur la masse par cet homme si visiblement envoyé par Dieu ? Le thème de ses prédications n'est pas parvenu jusqu'à nous, mais nous savons assez qu'il ne variait pas. Il dut cependant agir d'une façon toute spéciale sur le roi d'Angleterre pour le décider à mettre fin à la guerre qui désolait la France depuis si longtemps. Son plus vif souci, partout où il passait, était de rétablir la paix et la concorde. Il avait réussi en Espagne, en Italie, dans le Midi.

En Normandie, il échoua. L'œuvre de la libération du territoire était réservée par Dieu à une enfant de France. Saint Vincent avait apaisé la justice en jetant les foules à genoux : Dieu était décidé à nous donner la victoire. Les hommes d'armes devaient batailler ; celle qui les mènerait au combat, Jeanne d'Arc, était née.

Dans les premiers jours du mois de juin, saint Vincent rentre en Bretagne par Dol. Il tourne jusqu'à Saint-Malo. Et vers les derniers jour du mois, le duc de Bretagne Jean V, et Robert de la Motte évêque de Saint-Malo, « le reçoivent dans la ville de Dinan. L'apôtre y fait un assez long séjour, et sa prédication excite un véritable enthousiasme. Il logeait au couvent des Dominicains, mais ici encore la communauté de ville, c'est-à-dire la municipalité, se chargea de lui fournir tout ce qui lui était nécessaire durant tout le temps qu'il passa dans cette ville. » La vaste place du champ aux chevaux était à peine suffisante pour contenir la foule qui se pressait au pied de sa chaire. Un poème écrit en langage du temps nous dit :

Le clairgé et maints habytans
Notables dyci et dalantour
Du sainct missionnaire à Dinan
Impetrèrent aussi à leur tour
Qu'il pleust de leglize le chanceau
Etre à son agrément quitter.
Pour mieux sur le champ es chevaux
Devant touz estre à prècher...
Nulle part plus belle feste fut veue
Et plus grande dévotion cogneue

Le peuple de Dinan fondit en larmes quand l'Apôtre annonça qu'il devait le quitter pour continuer sa course apostolique, et on le vit s'éloigner.

Avec meintes larmes et cloches sonnant
Jusqua il fust bien éloigné.

De Dinan, saint Vincent se rend par Lamballe, Jugon, Moncontour, à Saint-Brieuc, où il arrive fin juillet.

« Comme tout le peuple et les enfants de Saint-Brienc suivaient partout saint Vincent, il demanda à l'évêque de Saint-Brieuc permission de faire un jour de dimanche quelques instructions en forme de catéchisme, à tous ces peuples, et surtout aux enfants, sur la doctrine chrétienne. L'évêque ravi de cette demande le pria d'interroger quelques enfants sur quel mystère il eût voulu..t Tout d'un coup et sans inspiration de personne demandèrent les enfants d'être interrogés par saint Vincent sur les articles de foy qu'il venait de leur prêcher. Le saint religieux eut tant de joye d'entendre les enfants lui demander ce que le prélat de Saint-Brieuc souhaitait de lui, sans qu'il sût qu'ils *avaient été instruits par leur évêque même* ! La joye de saint Vincent fut grande... et résolurent les prélats de veiller à ce que le catéchisme se fit encore plus régulièrement dans leur diocèse que par le passé. »

L'Apôtre poursuit sa mission par la côte nord de Bretagne. Le procès de canonisation mentionne Quintin, Châtelaudren, Guingamp, la Roche-Derrien. Il est certain qu'il visita Tréguier, Lannion, Morlaix, Saint-Pol de Léon. Lesneven conserva lodgtemps dans un reliquaire d'argent « la calotte de Monsieur saint Vincent Ferrier. »

Tout porte à croire que la compagnie du saint aida à terminer l'église du Folgoat qui fut dédiée quelques mois plus tard, en 1419. Mgr de Lézeleuc affirmait que la cathédrale de Quimper ou tout au moins les tonrs ont été construites par les maçons de saint Vincent.

De Quimper, Me Vincent se dirigea vers l'est, passa par Concarneau, Quimperlé, Hennebont, puis remonta vers l'intérieur et évangélisa Guémené, Pontivy, la Chèze, la Trinité-Porhoët, Josselin,

Ploërmel. Il alla une seconde fois à Redon, et descendit de nouveau dans le pays de Nantes.

Les compatriotes du saint voyant ses forces diminuer le supplièrent de retourner à Valence. Il accéda à leur désir, et rien ne se comprend mieux que cette emprise sur l'âme du pays natal. Ils partirent la nuit pour se soustraire aux instances du peuple nantais. Mais après de longues marches, ils se retrouvèrent, le lendemain matin, aux portes de la ville. La volonté divine était manifeste. Saint Vincent devait mourir chez nous.

Il rentra dans la ville, prêcha au milieu de Saint-Nicolas. — Un texte officiel nous parle de 70.000 auditeurs. — Les miracles recommencèrent de plus belle. Nantes peut à juste titre faire remonter jusqu'à cet avent de 1418 (1) la merveilleuse fécondité religieuse qu'elle n'a cessé de montrer depuis cinq siècles.

Dans les premiers jours de 1419, saint Vincent s'achemina lentement vers Vannes où devait s'achever sa prodigieuse carrière.

III. -- Second séjour à Vannes. -- Sa mort

La seconde entrée de saint Vincent fut tout aussi solennelle que la première. Le clergé et le peuple s'avancèrent processionnellement au devant de lui. La duchesse lui avait fait envoyer sa litière ; il s'y laissa porter au chant des cantiques. Cette fois il choisit une humble cellule dans la rue des Orfèvres. L'état précaire de sa santé nécessitait des soins assidus. La duchesse obtint de lui qu'il logeât dans la maison de Marguerite Le Brun, veuve Dreulin. Malgré l'épuisement qui le minait lentement, l'apôtre reprit

(1) L'histoire ne nous dit pas que saint Vincent ait prêché l'avent tout entier.

le cours de ses prédications. En chaire il gardait toujours la même ardeur. Mais on devait le soutenir pendant le trajet très court qui séparait sa demeure de l'estrade. A chaque passage il lui fallait entendre les cris de détresse d'une multitude de malades venus de deux et trois lieues à la ronde, et son pouvoir inépuisable leur rendait à tous la santé.

Si la vigueur de cette âme se maintenait intacte, les forces physiques déclinaient rapidement. La duchesse encouragée par son premier succès, dut sans doute le supplier de prendre quelque repos. Et nous signalons, sans lui accorder une créance qui n'est justifiée par aucun texte, la tradition d'Arradon. Le Saint y serait allé chercher la solitude apaisante des bois et du Morbihan. Ses compatriotes Valenciens, qui le suivaient depuis si longtemps, sentaient bien que le dénouement ne saurait plus tarder. Tous les dévouements ne pourraient l'arracher à une mort prochaine. Et ils n'acceptaient pas de laisser à une terre étrangère le soin de recueillir les restes de celui qui déjà était la gloire de sa patrie. Ils renouvelèrent les instances qu'ils avaient faites à Nantes, et le saint une fois encore acquiesça en souriant. Tout avait été soigneusement préparé dans le plus grand secret. Une embarcation attendait dans le port la colonie espagnole. Le saint fit ses adieux à la duchesse et à la cour, et, la nuit tombée, on fit voile vers la haute mer. On avait caché au bon peuple de Vannes le jour et l'heure du départ, car il se serait énergiquement opposé à cette tentative. Mais, nous dit l'office de saint Vincent, le mal s'étant aggravé tout-à-coup, il fut obligé de revenir. Le lendemain matin il débarquait à la porte de la ville. Les cloches sonnèrent à toutes volées. Tout travail cessant, le peuple accourut en foule « et ce fut réjouissance comme aux jours de grande solennité ». Hélas ! Vannes ne devait plus entendre la voix qui avait réveillé les âmes d'une léthargie mortelle. Les malades ne se donneraient plus rendez-vous dans la cour Dreulin, leurs fronts ne se courberaient plus sous sa main bénissante. L'apôtre thaumaturge, le semeur de vie matérielle et morale, se couchait sans espoir de retour dans le sillon miraculeusement creusé.

Le 25 mars 1419, saint Vincent fut saisi d'une fièvre violente. Il s'alita. Les médecins de la duchesse s'empressèrent autour de lui. On réussit, non sans peine, à lui faire accepter un matelas. Germaine de Bazvalan nous apprend qu'après bien des résistances il quitta son cilice. Mais il ne voulut pas entendre parler d'un changement dans le régime austère qu'il s'était imposé. Il refusa tout aliment gras : on fut obligé de surprendre sa bonne foi, en lui disant qne la préparation qu'on lui faisait prendre était faite avec de la chair de poisson.

La cour, l'évêque, les magistrats, le peuple se succédaient près de son lit. Tous pleuraient à chaudes larmes. Il les consola et leur fit ses adieux : « Messieurs les Bretons, dit-il, si vous voulez vous rappeler dans votre mémoire tout ce que je vous ai prêché pendant deux ans, vous trouverez qu'il n'est pas moins utile pour votre salut que conforme à la vérité. Vous n'ignorez pas à quels vices votre province était sujette, et que de mon côté je n'ai rien épargné pour vous ramener dans le bon ehemin. Rendez grâces à Dieu avec moi, de ce qu'après m'avoir donné le talent dc la parole, il a rendu vos cœurs capables d'être touchés et portés au bien. Il ne vous reste plus qu'à persévérer dans la pratique des vertus, et à ne pas oublier ce que vous avez appris de moi. Pour ce qui me regarde, puisqu'il plait à Dieu que je trouve ici la fin de mes travaux, je serai votre avocat devant le tribunal de Dieu ;

je ne cesserai jamais d'implorer sa miséricorde pour vous, et je vous le promets, pourvu que vous ne vous écartiez pas de ce que je vous ai enseigné. Adieu je m'en irai devant le Seigneur dans dix jours d'ici ».

Dès lors, il ne songea plus qu'à se préparer à la mort. Il fit appeler le curé de Saint-Pierre (1), Jean Coller, qui était son confesseur, reçut l'absolution avec l'indulgence plénière *in articulo mortis*. Puis on lui porta le saint viatique.

Le neuvième jour, sentant l'agonie prochaine, il réunit les compagnons qui lui étaient restés fidèles. Il leur confia ses recommandations suprêmes. Il se fit lire la passion du Sauveur et récita lui-même les psaumes de la pénitence. Puis il perdit l'usage de la parole. En toute hâte, Jean Collet lui administra l'extrême onction. La duchesse de Bretagne était là, pieusement agenouillée, en compagnie de ses dames d'honneur. Les ecclésiastiques, parmi lesquels on cite les noms du recteur de Sainte-Marie du Mené. Yves Simon, de Pierre Helyas, et de l'archiprêtre Yves Gluidic, se tenaient en habit de cœur.

Sa mort. — Bientôt le saint missionnaire entra en agonie. Il joignit les mains, leva les yeux au ciel, étreignit une dernière fois son crucifix, « et le mercredi de la semaine de la Passion, 5e jour d'avril, en l'an 1419, le glorieux confesseur et ami de Dieu, frère Vincent Ferrier, natif d'Arragon, religieux de l'ordre des Frères Prêcheurs, rendit à Dieu l'esprit, en la ville de Vannes, en l'hôtel d'un des bourgeois de la ville nommé Le Faucheur ».

Avec le pieux respect qu'inspire la sainteté, la duchesse lava les pieds de celui qui avait parcouru le monde en héraut de la justice divine. Elle garda comme une relique la cape dont il était vêtu.

(1) Le titre canonique de Messire Jean Collet était « Vicaire perpétuel du chapitre ».

Avant de s'endormir pour toujours, Me Vincent avait confié à l'Evêque de Vannes et au duc le soin de choisir eux-mêmes le lieu de sa sépulture. Sage précaution, car le bruit courait qu'on se disputerait l'honneur de garder sa dépouille glorieuse. L'évêque Amaury décida qu'il serait enterré dans la cathédrale.

Sa sépulture. — Pendant que Jean Lavazi, charpentier de la paroisse de Saint-Salomon, fabriquait le cercueil, l'évêque et le chapitre firent garder la maison par des hommes armés. Ce fut l'archiprêtre Yves Gluidic qui procèda lui-même à la mise en bière. Quand l'évêque de Vannes, accompagné de l'évêque de Saint-Malo et précédé de tout le clergé, vint faire la levée du corps, une délégation de religieux se présenta pour revendiquer saint Vincent. « Ils le conserveraient, disaient-ils, comme un dépôt sacré, jusqu'à ce que l'ordre des Frères Prêcheurs aurait décidé ». Les chanoines, forts de la volonté clairement manifestée du défunt, firent avancer les hommes en armes. Une mêlée s'engagea. Plusieurs religieux furent blessés. Le corps, enlevé de force, fut porté par des ecclésiastiques jusque dans la cathédrale.

Le lendemain, vendredi 7 avril, les funérailles eurent lieu en grande solennité. La messe fut chantée par Yves Dano, et l'inhumation fixée à quatre heures du soir.

Sa tombe. — La tombe avait été creusée par Guillaume Roberti entre le chœur et le maître-autel, du côté nord, en face du siège de l'évêque. Une foule énorme se pressait dans la cathédrale. Des prêtres descendirent eux-mêmes le corps du Saint au lieu de son repos. Puis on fit recouvrir la tombe de grosses barres de fer sur lesquelles on plaça des pierres d'un poids considérable.

Et la foule s'écoula lentement en proie à la plus vive émotion.

« Non seulement ceux qui furent présents à sa mort, mais encore la ville entière fut plongée dans la douleur. Partout on ne s'entretenait que du malheur commun, partout des gémissements, partout des lamentations, auxquels se mêlaient les louanges du Saint. — A mesure qu'on le louait, l'enthousiasme grandissait et les louanges redoublaient. Personne n'était taxé d'exagération en louant ainsi cet homme, modèle achevé de toutes les vertus. »

Maître Vincent n'était plus de ce monde. L'Ange du jugement avait repris sa place aux pieds de l'Eternel, attendant que les crimes de la terre rendent nécessaire un deuxième avertissement bientôt suivi de la sentence irrémissible. Mais pas plus qu'elle n'interrompt la véritable vie — celle de l'âme — la mort ne peut briser l'activité féconde des Saints.

Saint Vincent avait promis à ses « bonnes gens » de Bretagne de ne jamais les oublier. Il tint magnifiquement parole, et son tombeau fut la source vivante d'où jaillirent à flots pressés des prodiges éclatants. Leur nombre lassa la patience des commisssaires enquêteurs, mais leur effet se fit sentir à toutes les paroisses de notre pays.

Elles sont toujours là — une grande partie du moins — dans notre église cathédrale, les reliques qui prouvèrent à nos aïeux l'incomparable puissance de saint Vincent. Cinq siècles se sont écoulés Le temps n'a eu de prise que sur nos cœurs où il a jeté l'oubli. La poussière de ces ossements a gardé son immortel pouvoir : nous pourrions en faire l'épreuve, si nous avions la foi.

CHAPITRE VIII

Saint Vincent Ferrier

Depuis cinq siècles

L'immense soulèvement produit dans le monde des âmes par l'action surnaturelle de Mᶜ Vincent Ferrier ne pouvait se calmer par la disparition de l'Apôtre. Longtemps après que le vent a cessé de souffler en tempête, les vagues se succèdent, puissantes encore, au large de nos côtes. Les foules se pressèrent autour de son tombeau, comme autrefois autour de sa personne. Les pèlerins venaient des quatre coins de la Bretagne affirmer leur attachement à l'enseignement du missionnaire ; le saint leur répondait par une abondance inouïe de prodiges. Les archives du Chapitre de Vannes conservent les détails de ces merveilleux échanges entre le ciel et la terre. Il y eut une telle affluence d'offrandes déposées sur la pierre sacrée du tombeau, que l'évêque de Vannes dut prendre une ordonnance réglant la répartition de ces dons de toute nature. Des sommes importantes furent recueillies qui permirent de restaurer la cathédrale.

Quant aux miracles obtenus par la foi des fidèles, ils étaient chaque dimanche publiés à l'église, et chaque semaine la liste en était interminable. Trente quatre ans plus tard, une enquête fut prescrite par Rome pour authentifier toutes ces merveilles. Les commissaires ne purent en recueillir qu'une faible partie. 313 témoins vinrent déposer sous la foi du serment. Et après quelques semaines les délégués écrivirent aux cardinaux nommés par le pape :

« Nous avons reçu et interrogé tant de témoins, ils nous ont énuméré tant et de si grands miracles opérés par l'homme de Dieu, comme en font foi les dépositions ci-jointes, que nous jugeons superflu d'en interroger davantage, et bien que chaque jour encore, des prodiges sans nombre s'accomplissent au saint tombeau, nous closons là notre enquête... »

Personne ne pouvait douter qu'un jour Vincent Ferrier serait l'objet d'un culte officiel. Par trois fois, il l'avait annoncé lui-même : désignant dans la foule Alphonse Borgia, qui n'était encore qu'un enfant, il avait dit : Celui-ci me canonisera ». L'enfant, devenu vieillard, monta sur le trône pontifical, le 8 avril 1455. Son premier souci fût de faire droit aux instances renouvelées des évêques, des princes et des peuples, et la solennité de la canonisation eut lieu dans l'église de la Minerve le 29 juin 1455. Les ducs de Bretagne s'étaient fait remarquer par leur zèle pour la Cause du nouveau Saint. Aussi les Bretons étaient-ils en bonne place dans les fêtes de Rome. Les Etats de Vannes, en 1462, mentionnent que « à la canonisation de Saint Vincent, les Bretons mirent les bannières de Bretagne couronnées ». Il serait injuste, écrivait le Pape au duc François II, de ne pas louer le zèle et l'infatiguable diligence qu'ont apportés à cette affaire vos envoyés. Nous avons tenu à les recevoir avec tout l'honneur possible... »

C'était, en effet, à nous Bretons qu'était échu l'honneur de veiller avec un soin jaloux sur le souvenir du grand Thaumaturge. Nous gardions ses reliques : nous ne pouvions laisser péricliter sa mémoire. Cinq ou six ans après la mort du Saint, il y eut bien un moment de tiédeur dont témoigne Pierre Floch. Mais le mouvement de pélirinages reprit avec instance.

Il devenait d'ailleurs nécessaire de parer au danger qui menaçait notre précieux trésor. Malgré les dernières volontés très nettement exprimées par saint Vincent, malgré les ordonnances du duc de Bretagne confirmées par une bulle de Nicolas V, les Dominicains tentèrent d'obtenir les restes de celui qui était la gloire de l'ordre des Frères Prêcheurs. En 1458 ils adressèrent à Pie II une requête longuement motivée. Mais les délégués du duc de Bretagne purent déjouer leur pieux stratagème et l'Eglise de Vannes vit établir définitivement son droit de propriété.

Valence qui lui avait donné le jour supportait aussi difficilement de le voir exilé loin du sol natal. Pendant les guerres de la Ligue, des Espagnols étaient venus combattre pour la cause catholique sous les ordres du duc de Mercœur. Celui-ci, en reconnaissance des services rendus, accepta de transmettre au Chapitre de Vannes la demande de translation des reliques. C'était en 1592. Mercœur fut poliment éconduit. Les Valenciens essayèrent alors d'agir par ruse. Ils devaient profiter d'une fête populaire. Mais, prévenu à temps, le plus ancien des chanoines cacha si bien le dépôt qu'on ne put le trouver jusqu'au départ des Espagnols. Après bien des vicissitudes, ces ossements sacrés sont parvenus jusqu'à nous. Le 24 avril 1816, Mgr Bausset-Roquefort en fit une reconnaissance officielle, et l'on put constater que la très grande partie des restes de saint Vincent se trouve répartie en trois reliquaires : l'un en forme de châsse, l'autre dans le buste du Saint, le troisième étant un petit coffret d'argent. Nous savons officiellement que quelques reliques insignes en ont été distraites. Mais le Chapitre de la cathédrale a fait preuve au cours des siècles d'une pieuse intransigeance.

Certes, la ville de Vannes s'est montrée fidèle au culte de son saint patron. La confrérie érigée en son honneur et qui reçut l'approbation du pape le 31 août 1637 est encore florissante. Mais le moment n'est-il pas venu de réveiller la dévotion de la Bretagne entière envers celui qui fût son bienfaiteur? Et puisque nous fêterons bientôt son cinquième centenaire, nous nous permettons de signaler à nos compatriotes l'exemple des fidèles d'Espagne. Tous les ans, Valence se distingue par l'éclat de ses cérémonies. Mais rien n'égale la solennité grandiose des « Centenaires de saint Vincent ». Tous s'y donnent rendez-vous dans un même sentiment de reconnaissance et de foi. Nous ne décrirons pas ces processions où toutes les classes sociales, tous les métiers, sont représentés. Le récit du troisième centenaire fait par un Jésuite remplit un volume qui n'a pas moins de 450 pages. Je veux bien que nous n'ayons pas l'imagination ardente de ceux qui vivent au chaud soleil de Catalogne. Mais pour garder le droit d'être moins bruyant, notre amour pour saint Vincent doit-il rester jalousement enfermé dans le secret de nos cœurs ? Il courrait le risque d'y mourir étouffé. D'ailleurs ce ne sont pas des honneurs privés qui conviennent à celui qui a sauvé la Bretagne et le monde. C'est un hommage vraiment national que nous sommes tenus de lui rendre. Et puisque, nous Bretons, nous avons été privélégiés entre tous, nous saurons montrer que la reconnaissance s'épanouit d'autant plus qu'elle plonge plus profondémnent ses racines dans les âmes croyantes.

TABLE DES MATIÈRES

www.ingramcontent.com/pod-product-compliance
Ingram Content Group UK Ltd.
Pitfield, Milton Keynes, MK11 3LW, UK
UKHW020433180726
13839UKWH00003B/1470

9 782019 920913